BEI GRIN MACHT SI
WISSEN BEZAHLT

- Wir veröffentlichen Ihre Hausarbeit,
  Bachelor- und Masterarbeit

- Ihr eigenes eBook und Buch -
  weltweit in allen wichtigen Shops

- Verdienen Sie an jedem Verkauf

Jetzt bei www.GRIN.com hochladen
und kostenlos publizieren

Bibliografische Information der Deutschen Nationalbibliothek:

Die Deutsche Bibliothek verzeichnet diese Publikation in der Deutschen National-bibliografie; detaillierte bibliografische Daten sind im Internet über http://dnb.d-nb.de/ abrufbar.

Impressum:

Copyright © 2018 GRIN Verlag
Druck und Bindung: Books on Demand GmbH, Norderstedt Germany
ISBN: 9783668764897

Dieses Buch bei GRIN:

https://www.grin.com/document/434768

Rainer Schoeffl

Drei spätmittelalterliche Fassungen des Nibelungenliedes

Die Handschriften b, k und n im Überblick und Vergleich

GRIN Verlag

GRIN - Your knowledge has value

Der GRIN Verlag publiziert seit 1998 wissenschaftliche Arbeiten von Studenten, Hochschullehrern und anderen Akademikern als eBook und gedrucktes Buch. Die Verlagswebsite www.grin.com ist die ideale Plattform zur Veröffentlichung von Hausarbeiten, Abschlussarbeiten, wissenschaftlichen Aufsätzen, Dissertationen und Fachbüchern.

Besuchen Sie uns im Internet:

http://www.grin.com/

http://www.facebook.com/grincom

http://www.twitter.com/grin_com

Drei spätmittelalterliche Fassungen des Nibelungenliedes

Die Handschriften b, k und n im Überblick und Vergleich

GRIN Verlag

von Rainer Schöffl

München

2018

Inhaltsverzeichnis

Vorwort

Die spätmittelalterlichen Handschriften des Nibelungenlieds fanden in der Vergangenheit in Fachkreisen wenig Beachtung bzw. Anerkennung, handelte es sich doch um Bearbeitungen, von denen kein ernsthafter Beitrag zur Text- und Provenienzforschung des Nibelungenlieds zu erwarten war. Diese negative Bewertung hat sich mittlerweile grundlegend geändert, insbesondere aus Sicht der Rezeptionsgeschichte des Nibelungenlieds im Mittelalter. Bezeichnete beispielsweise Adolf Holtzmann 1859 die Piaristen-Handschrift (Hs. k) noch als ein „Werk der Unwissenheit und Geschmacklosigkeit", so urteilt Joachim Heinzle 2003 über dieselbe Handschrift, dass ihre „sprachlich-stilistische Anpassung an den spezifischen Publikumsgeschmack des Spätmittelalters von eindrucksvoller Konsequenz" sei. Die spätmittelalterlichen Fassungen können daher der Forschung auch als Quelle für den Zeitgeist des sinkenden Mittelalters dienen.

Die vorliegende Übersicht über die „Leithandschriften" b, k und n des Spätmittelalters soll nicht nur Informationscharakter haben sondern auch zu weiterer Beschäftigung mit diesen Fassungen anregen.

Einleitung

Von den derzeit bekannten 36 (37) Handschriften des Nibelungenlieds entfallen neun Handschriften auf das 15. und 16. Jahrhundert, also auf das Spätmittelalter. Drei dieser Handschriften können als spezielle, zeitbezogene Bearbeitungen oder Fassungen (es bleibt strittig, welcher Terminus zutreffend ist) des Nibelungenlieds angesehen werden, nämlich die Handschriften b, k und n. Jede dieser drei Handschriften passt sich dem Zeitgeschmack des Spätmittelalters auf eine andere Weise an: Die Handschrift b ist als einzige Nibelungenlied-Handschrift durchgehend bebildert, während die Handschrift k das staufische Mittelhochdeutsch durch eine spätmittelalterliche Volkssprache ersetzt und mit textlichen Bearbeitungen ergänzt. Die Handschrift n stellt dagegen eine weitgehend freie stoffliche Umarbeitung des Nibelungenlieds dar. Das 15. Jahrhundert, in welches das Spätmittelalter fällt, wird nicht zu Unrecht als „das Zeitalter der Übersetzungen, Bearbeitungen, Adaptionen" bezeichnet, denn es handelt sich ja um den Zeitraum, in dem die Volkssprachen neben dem Lateinischen die Schriftkultur mitbestimmen.

Nach einer Übersicht über die drei spätmittelalterlichen Handschriften wird auf deren besondere Abweichungen vom Inhalt der Haupthandschriften A, B und C eingegangen.

Das Nibelungenlied besteht in der Regel aus 39 Kapiteln, den „Aventiuren", was sich mit „Abenteuer" übersetzen ließe. Da „Abenteuer" aber für den Inhalt meist nicht zutreffen ist, wird hier weiterhin der Ausdruck „Aventiure" in seiner originalen Schreibweise verwendet.

Die spätmittelalterlichen Handschriften

Die Textzeugen des Nibelungenlieds (vollständige Handschriften und Fragmente) verteilen sich auf die Entstehungs-Zeiträume wie folgt (vgl. http://www.handschriftencensus.de):

Zeitraum	Textzeugen (ohne Hs. T)
13. Jh.	11
14. Jh.	16
15. Jh.	8
16. Jh.	1
$\sum = 36$	

Die Anzahl der Textzeugen im 15. Jahrhundert wird manchmal auch mit 7 angegeben, abhängig davon ob die Hs. c mitgezählt wird oder nicht.

Die vorstehende zeitliche Verteilung sowie der Umstand, dass das Nibelungenlied im Mittelalter nie gedruckt wurde, lassen den Schluss zu, dass man im Spätmittelalter mit „der Art der Gestaltung der feudalen Welt, wie sie im Nibelungenlied vorliegt, nicht mehr allzu viel anzufangen vermochte." (Göhler 1995: 70) Grundsätzlich lässt sich zwischen zwei Literaturströmungen im Mittelalter unterscheiden: der höfischen Dichtung und dem Heldenepos. Erstere „sollte zugleich ein idealer Spiegel höfischen Daseins sein, das in Botenempfang, Fest, Wappnung, Turnier wichtige zuständliche Momente besaß." (Brinkmann 1928: 178f.) Das Nibelungenlied fußt allerdings auf beiden Gattungen. Für eine solche Vermischung von Heldenepos und höfischer Epik prägte Elisabeth Lienert den Begriff einer „hybriden Heldendichtung". (Lienert 2015: 13) Das Nibelungenlied verkörpert die hybride Heldendichtung in beispielhafter Weise.

Es verbindet den heroischen Stoff, die heldenepische Untergangsstruktur, heldenepische Motive wie Rache und Gewalteskalation, heroische Heldenkonzeptionen mit höfischen Festen, höfischer Etikette und höfischen Prunkgewändern, mit einigen höfisierten Figuren und insbesondere mit der höfischen Konzeptualisierung der Liebe. (ebd.: 14)

Spätmittelalterliche Leser, die größere Vorliebe für die Heldendichtung als für höfisches Leben zeigten, konnten an einem hybriden Epos wahrscheinlich keinen wahren Gefallen finden. Von „Lesern" kann man im Spätmittelalter durchaus sprechen im Gegensatz zu der weitgehend illiteralen staufischen Zeit, in der das Nibelungenlied entstand.

Am meisten überrascht wohl, dass das Nibelungenlied, das nur bedingt höfischer Dichtung zuzuzählen ist, keinen Drucker gefunden hat. [...] Einer der Kodizes, die sogenannte „Piaristen-Handschrift", bringt den Text in einer Umbearbeitung, die in ihrer sprachlichen Form einem mit dem Hochmittelalterlichen nicht mehr so vertrauten Publikum entgegenkam. [...] Vielleicht sind dafür [dass das Nibelungenlied nie gedruckt wurde, d. Verf.] Gründe darin zu finden, dass einerseits eine Reihe von Liedern über Siegfried, Kriemhild, die Burgunderkönige, Etzel und andere Personen aus diesem Umkreis im Volk lebendig war und daher kaum „Bedarf" nach einem gedruckten Buch von Siegfried und den Nibelungen bestand und dass andererseits die höfische Fassung des Nibelungenlieds als fremder empfunden wurde, weil sie formal und inhaltlich zum Teil anderes als die weithin bekannten Lieder um Siegfried und die Burgunderkönige brachte. (Koppitz 1980: 125)

Aber vielleicht waren einfach nicht schnell genug alle gewünschten Werke als Druckausgabe verfügbar, so dass schon deshalb noch viele Jahre nach Einführung der Drucktechnik weiterhin Bücher abgeschrieben wurden. (vgl. ebd.: 63)

Doch nicht nur das Nibelungenlied, das, wie die Anzahl der Textzeugnisse zeigt, im Mittelalter offenkundig einen hohen Bekanntheitsgrad hatte, wurde nie gedruckt, sondern das Gleiche traf auch auf andere, damals verbreitete, mittelalterlichen Handschriften zu. Ein Beispiel dafür ist „Iwein" von Hartmann von Aue, von dem mindestens sechs geschriebene Ausgaben aus den 60er-Jahren des 15. Jahrhunderts oder später erhalten sind, jedoch keine gedruckte Ausgabe. (vgl. ebd.: 126f.)

Die spätmittelalterlichen Handschriften des 15. und 16. Jahrhunderts sind in nachfolgender Tabelle in alphabetischer Reihenfolge aufgelistet (keine chronologische Reihenfolge, da die Handschriftensiglen nach unterschiedlichen Gesichtspunkten vergeben wurden).

Hand-schrift	Entstehungszeitraum	Bezeichnungen und Anmerkungen
a	2. Viertel 15. Jh.	„Maihinger Handschrift", „Wallersteiner Handschrift"
b	1436 - 1442	„Hundeshagenscher Kodex"
c	14. oder 15. Jh.	verschollen
d	1504 - 1516	„Ambraser Heldenbuch"
g	1. Viertel 15. Jh.	Fragment
h	1450 - 1455	„Meusebachsche Handschrift", Abschrift von Handschrift I (J)
i	1. Hälfte 15. Jh.	Fragment
k	1480 - 1490	„Feifaliks Handschrift", „(Wiener) Piaristenhandschrift", „Lienhart Scheubels Heldenbuch"
n	1449 oder 1470 - 1480	„Günderrode 3740"

Anm.: Die Buchstaben e und f dienten früher zur Bezeichnung der Blätter der Hs. L.
Die Hss. l und m werden dem 14. Jh. zugerechnet und sind deshalb nicht aufgelistet.

Im Folgenden wird erläutert, nach welchen Kriterien die Auswahl der hier näher behandelten drei zeitgenössischen Fassungen erfolgte.

Bereits 1855 schrieb Friedrich Heinrich von der Hagen (1855: 2) über die <u>Handschrift a</u>: „Die gegenwärtig gebotene Vergleichung ergibt nun aber, dass diese Handschrift [...] mit der Hohenems-Laßbergischen Handschrift [Handschrift C, d. Verf.] übereinstimmt, so dass sie fast eine Abschrift davon sein könnte". Wilhelm Braune (1900: 21) zeigt, dass die Hss. a und C von einer gemeinsamen *C-Redaktion abstimmen würden. Bei Hs. a fehlen die ersten fünf Aventüren, an deren Stelle eine reichlich kuriose Einleitung steht. Eine vollständige Transkription dieser Einleitung siehe unten. Tatsache ist, dass ab Aventüre 6 die Hss. a und C inhaltlich weitestgehend übereinstimmen. Die durch Blattverlust bei Hs. C fehlenden Strophen konnten daher durch Hs. a ergänzt werden.

Die Hs. a kann somit nicht zu einer speziellen spätmittelalterlichen Fassung gezählt werden, wenn man von der hier folgenden Einleitung absieht.

Da mann tzalt vonn ckrist gepurde Sibenn Hunndertt Jar darnach Inn dem Vietzistenn iar Da was Pipanus vonn Frannkchreich romischer Augostus der Hueb Sich ze Ram vnd satztt Sich genn ckostanntinapell vonn ungehorsam der Römär vnd verswuer das er nimer mer dar chäm Auch Satztt er zee vogt ann seiner statt Herdietreich chunig zw gottlanntt denn Mann die tzeit nennt Herdietreich vonn pernn Pey denn tzeitē lebt der Weis römer Boetzius denn Herdietreich vieng vmb das daz er die Romär vast vor Im frist mit seiner weishaitt vnd lag geuange vnntz ann seinenn tod Pein Herdietrichs tzeitten dez Romischenn vogtz vergienng sich die auennteur dez puekches vonn denn Rekchenn vnd vonn Kreymhilldenn. (Bartsch 1870: XII, mit geringfügigen Änderungen durch den Verfasser des vorliegenden Beitrags nach einem Vergleich mit dem Original)

Der mit „auennteur" beginnende Schluss des letzten Satzes stellt praktisch eine Überschrift des nachfolgenden Nibelungenlieds dar, dessen eigentlicher Text mit der Aventiure 6 (Strophe 329, Hs. C) beginnt. Auf Grund von fehlender Interpunktion, willkürlicher Groß- und Kleinschreibung der Anfangsbuchstaben, beliebigem Vertauschen von „v" und „u" und einer „äußerst nachlässigen" Schrift (Bartsch ebd.) ist es sehr schwierig, den Text zu verstehen. Von der Hagens Beschreibung der Einleitung bietet dessen bestmögliche Interpretation:

Im Jahr 742 war „Pipanus" [Pipin, d.Verf.] *von Frankreich Kaiser, [der] wegen Ungehorsams der Römer von Rom nach Konstantinopel übersiedelte, und den Dietrich von Bern, welcher den weisen Boëthius bis zum Tode gefangen hielt, zum Römischen Vogt setzte: damals erging „die Abenteure des Buches von den Recken und von Chriemhilden".*

Dieser aus alten Zeitbüchern abenteuerlich verworrenen Zeitbestimmung [...], welche Pipin mit Dietrich von Bern zusammen bringt, folgt nun gleich der Anfang der sechsten Abenteure [...]. (Hagen 1855: 2)

Die Handschrift b (Hundeshagenscher Kodex) stellt die einzige bebilderte, vollständige Fassung des Nibelungenlieds dar. Auch heutzutage ist es eine gängige Maßnahme, das Interesse an einem geschriebenen Text durch Bebilderung anzuregen. Die Hs. b, die in einer zeitgemäßen Sprache abgefasst ist, kann mit Recht als volkstümliche Ausgabe bezeichnet werden.

Die Handschrift c gilt als verschollen und kann deshalb keine Berücksichtigung finden.

Die Handschrift d ist die einzige existierende Handschrift aus dem 16. Jahrhundert. Sie stellt keine Gebrauchsfassung dar, sondern eine Prachtausgabe, die im Auftrag des Kaisers Maximilian I. verfasst wurde, welcher wegen seiner Vorliebe für das Turnierwesen auch „Der letzte Ritter" genannt wurde. Zu einer Zeit, in der schon längst auf Papier geschrieben und gedruckt wurde und sich der Kaiser selbst für den Buchdruck begeisterte, wurde für die Hs. d das teure Pergament verwendet. Dies ist ein Beleg dafür, dass es sich hier um eine dekorative Ausgabe des Nibelungenlieds handelt. Obwohl im 16. Jahrhundert hergestellt, handelt es sich nicht um eine Fassung jenes Jahrhunderts, und fällt daher nicht unter die Gruppe der hier zu betrachtenden volksnahen Bearbeitungen. Die Hs. d ist Bestandteil des sog. „Ambraser Heldenbuchs", an dem der Südtiroler Hans Ried mehr als zehn Jahre lang gearbeitet hatte, nämlich von 1504 bis 1515 (oder 1515). (vgl. Heinzle et al. 2003: 205)

Bei den Handschriften g und i handelt es sich um Fragmente mit begrenzter Aussagekraft und sie können hier nicht berücksichtigt werden.

Die Handschrift h ist eine direkte Abschrift der Handschrift I (J). (vgl. Kofler 2011:19) Sie ist inhaltlich und sprachlich daher dem Zeitraum um 1300 zuzuordnen, also der Entstehungszeit der Hs. I (J). Die Hs. h kann daher nicht als spätmittelalterliche Fassung gelten.

Mit der Handschrift k liegt eine Fassung des Nibelungenlieds vor, mit der in Sprache, Metrik und Inhalt dem Zeitgeschmack gefolgt wurde. Sie kann als Versuch dafür gelten, eine „Populärausgabe" des 15. Jahrhunderts zu realisieren.

Die <u>Handschrift n</u> geht im Vergleich zur Hs. k noch einen Schritt weiter, indem sie zusätzlich verkürzt und damit noch „lesbarer" gemacht wurde. Sie ist eine echte volkstümliche Ausgabe.

Somit erfüllen drei der neun spätmittelalterlichen Fassungen des Nibelungenlieds die Voraussetzungen für eine Populärausgabe, nämlich:

> Handschrift b (Hundeshagenscher Kodex), Staatsbibliothek Berlin, mgf 681
> Handschrift k (Piaristenhandschrift, Lienhart Scheubels Heldenbuch), Österreichische Nationalbibliothek Wien, Codex 15478
> Handschrift n (Günderrode 3740), Universitäts- und Landesbibliothek Darmstadt, Hs. 3249

Bei Einteilung der Handschriften in Gruppen wird Hs. b der Mischredaktion *D bzw. *Db zugeordnet, während die Hss. k und n als selbständige Sonderredaktionen gelten, aber eigentlich auch Mischredaktionen darstellen. (vgl. Kofler 2011: 9) Unter „Mischredaktion *D/*Db", zu der die Handschriften D, b, N, P, S, V und AA gerechnet werden (Kofler 2012: 9), versteht man Handschriften, die anfangs aus der Fassung *C (bis Strophe C270) bestehen, danach aus der Fassung *B.

Die Hs. b entstand vor den Hss. k und n, wobei Hs. n vor (oder zur gleichen Zeit mit) Hs. k niedergeschrieben wurde.

Die Eigenschaften der drei Handschriften sind in nachfolgender Tabelle zusammengefasst.

Handschrift	Strophen-zahl	Abmessungen (mm) <u>Blatt</u> Schriftraum	Dialekt	Anmerkungen
b	2348/ 2388 [1]	<u>283 x 205</u> 220 x 155	Ostschwäbisch	Bei Ergänzung der durch Blattverlust fehlenden Strophen wären 2388 Strophen möglich.
k	2442 [2]	<u>210 x 150</u> 165 x 110	Bayrisch-Österreichisch	
n	901 [3]	<u>277 x 207</u> 202 x 140	Rheinfränkisch	Liedtext setzt erst bei 25. Aventiure ein. Strophe 1 bis 20 ist eine Einleitung.

[1] Eser (2015) [2] Keller (1879) [3] Vorderstemann (2000)
Abmessungen und Dialekte aus (Klein 2003: 229 bis 234)

8

Zum Vergleich seien hier die heutigen Papier- und Buchmaße genannt:
Das gängige DIN A4-Blatt hat die Abmessungen 297 x 210 mm und liegt somit nahe bei der Hs. b. Die Hs. k entspricht praktisch dem (Buch-)Format A5 mit 210 x 148 mm. Nur die Hs. n schert aus den heute üblichen Formaten aus. Sie könnte als Quart-Band bezeichnet werden.

Gertraud de Crignis hat ihrer Dissertation 1950 den Titel „Ein bürgerliches Nibelungenlied" verliehen und die Hs. k als „bürgerliche Fassung des Epos aus dem 15. Jahrhundert" bezeichnet. (Crignis 1950, o. S.) Die Bezeichnung „bürgerlich" blieb nicht unumstritten, denn ein Bürgertum im heutigen Sinn existierte im Spätmittelalter noch gar nicht. Beschränkt man die Definition von de Crignis auf das damalige Stadtbürgertum, welches über entsprechende Bildung verfügte, so lässt sich der Begriff „bürgerlich" durchaus rechtfertigen. So wurden die Hss. b und k sogar mit großer Wahrscheinlichkeit von Stadtbürgern in Auftrag gegeben. Xenja von Ertzdorff lehnt jedoch „bürgerlich" im Zusammenhang mit dem Nibelungenlied grundsätzlich ab, weil im Spätmittelalter „ein bürgerlicher Geschmack überhaupt nicht bestünde". (vgl. Ertzdorff 1972: 33) Darauf weist auch Werner Hoffmann wie folgt hin: „Das Stadtbürgertum orientierte sich an den Gewohnheiten des Adels, deshalb gab es keinen Unterschied zwischen literarischem Geschmack und literarischen Vorlieben von Adel und Bürgertum." (Hoffmann 1979: 140) Da einige Eigentümlichkeiten [der Hs. k, d. Verf.] „typisch bürgerlich sein würden" lehnt er den Begriff „bürgerliches Nibelungenlied" nicht grundsätzlich ab, verwendet aber stattdessen den neutralen Begriff „spätmittelalterliche Bearbeitung". (ebd.: 130 und 141f)
Im vorliegenden Beitrag wird als Oberbegriff „Populärausgabe" vorgeschlagen, mit dem der Bezug auf eine bestimmte Bevölkerungsgruppe vermieden wird. Hugo Kuhn (1980: 79) spricht in einem ähnlichen Kontext von einer „volkssprachlichen Popularisierung" der Schriftüberlieferung. In diesem Zusammenhang empfiehlt sich ein Blick auf das Publikum, das im ausgehenden Mittelalter zu Lesern von Handschriften und frühen Drucken wurde. Es war dies zunächst nach wie vor der (betuchte) Adel, der auch als Gönner und Auftraggeber mittelhochdeutscher Dichter auftrat, weil dies vorrangig eine Frage der Kosten war. Aber auch das aufstrebende Stadtbürgertum verfügte mehr und mehr über Mittel, Handschriften zu bestellen oder zu erwerben. Wir sprechen hier vorzugsweise von Kaufleuten, wie zum Beispiel den Fuggern oder anderen Augsburger Handelsfamilien. Handwerker, wenn auch in geringer Zahl, können ebenfalls dazu gezählt werden, zumal diese wie die Kaufleute keine Analphabeten mehr sein durften, wenn sie ihren Beruf richtig ausüben wollten. (vgl. Koppitz 1980: 65) Folgerichtig lassen sich bei drei spätmittelalterlichen Handschriften anhand von

9

Eintragungen nichtadelige Vorbesitzer feststellen, nämlich bei den Hss. a, b und k. Werner Fechter führt zahlreiche Belege dafür an, dass nichtadelige Bürger Handschriften und Drucke besaßen, wobei es nicht selten - aber nicht ausschließlich - darum ging, es dem Adel in jeder Hinsicht gleich zu tun, also auch eine Bibliothek vorweisen zu können. Dabei scheint es hinsichtlich der literarischen Vorlieben des Publikums keine gesellschaftlichen Grenzen zu geben. Die Kosten der Literatur hatten damals offenbar wenig oder gar keinen Einfluss auf den Erwerb literarischer Werke. In den Bibliotheken von sowohl adeligen als auch nichtadeligen Kreisen befanden sich gleichermaßen Handschriften wie auch die billigeren Frühdrucke. (vgl. Fechter 1935: 53, 58f. und 67) Dies lässt den Schluss zu, dass das literarische Interesse an Druckwerken und Handschriften größer war als nur das Streben nach einer repräsentativen Zur-Schau-Stellung von Literatur.

Ein auffallender Unterschied zwischen den spätmittelalterlichen Handschriften des Nibelungenlieds (erkennbar an den Siglen mit Kleinbuchstaben) und dessen älteren Handschriften aus dem 13. und 14. Jahrhundert (Siglen mit Großbuchstaben) ist das Vorhandensein von Überschriften. Sofern von ersteren der Anfang erhalten ist, weisen sie nämlich eine Überschrift bzw. einen Titel auf, woraus Lothar Voetz schließt, dass dies für alle spätmittelalterlichen Handschriften zutreffe könne. (Voetz 2003: 288f.) In der nachfolgenden Tabelle sind alle Überschriften aufgelistet.

Handschrift	Text der Überschrift	Anmerkung
C	Auenture von den Niblungen	
D	Daz ist daz Buoch Chreimhilden	späterer Nachtrag
a	die auennteur dez pueches vonn denn Rekchenn vnd vonn kreymhillden	Ende der Einleitung
d	Ditz Puech Heysset Chrimhilt	
k	Das ist die erst hoch [sic!] mit seyfridt ausz niderlant und mit krenhillden	Teil 1
	Das ist Die ander hochczeit kunig eczels mit krenhillden ausz purgunderlant	Teil 2

(vgl. Voetz 2003: 288f.)

Die Hs. k, welche aus zwei Teilen besteht, hat deshalb sogar zwei Überschriften - für jeden Teil eine. Überschriften oder Titel bzw. Titelblätter waren zu jener Zeit nicht allgemein üblich und deshalb auch nicht zu Beginn des Buchdruckes. „Es dauerte einige Jahre, bis der erste mittelalterliche deutsche Roman mit einem Titelblatt 1481 in Augsburg erschien". (Koppitz 1980: 192)

Abgesehen von Hs. C nehmen alle Überschriften Bezug auf Kriemhild, der Hauptperson des Nibelungenlieds, wobei die Überschrift von Hs. D „mit ziemlicher Sicherheit nachgetragen wurde." (Kofler 2012: 17) Auch Johann Jakob Bodmer gab 1757 der ersten neuzeitlichen Ausgabe des Nibelungenlieds, die nur aus dem zweiten Teil (Burgunderuntergang) und der Klage bestand, den Titel „Chriemhilden Rache und die Klage". (Schöffl 2014: 31) Der allgemein bekannte Titel „Nibelungenlied" ist ein späterer, neuzeitlicher Name.

Handschrift b, Hundeshagenscher Kodex

Die Handschrift b hatte in Fachkreisen zunächst nur wegen ihrer durchgehenden Bebilderung Beachtung gefunden. Aufgrund von Blattverlust existieren nur 37 Miniaturen, die sich zwischen Anfang und Ende der jeweiligen Aventiuren befinden. War man lange Zeit der Meinung, dass es ursprünglich 39 Miniaturen gewesen sein müssten, so geht man inzwischen von 40 Abbildungen aus.

Früher ersetzten Bilder für Analphabeten den Text. Im Spätmittelalter war jedoch derjenige Personenkreis, der sich für Schriften interessierte, des Lesens kundig, und deshalb dienten die Bilder der Hs. b sicherlich hauptsächlich dazu, das Interesse an diesem Epos zu steigern oder es einfach nur zu verschönern. „Der Text ist überwiegend auf den Lautstand des 15. Jahrhunderts gebracht worden; neben den spätmittelalterlichen Sprachformen finden sich aber bisweilen noch Spuren des Mittelhochdeutschen. Unterschiede gegenüber den Haupthandschriften (A/B, C) beruhen meist auf Missverständnissen und Ungenauigkeiten." (vgl. Hornung 1968: 8) Die Unterschiede zwischen dem „Lautstand des 15. Jahrhunderts" und der knapp zweihundert Jahre früher niedergeschriebenen Hs. B sind allerdings gering.

Entdeckt und erworben wurde die Hs. b zum Jahresbeginn 1816 von Helfrich Bernhard Hundeshagen (*18.09.1784, †09.10.1858) in Mainz. Über seine Entdeckung berichtete er einen Monat später in dem literarischen Unterhaltungsorgan „Morgenblatt für gebildete Stände". Nachfolgende Abschrift dieser rezeptionsgeschichtlich bedeutsamen Nachricht enthält nicht die umständliche Vorrede, die mit dem eigentlichen Thema in keinem Zusammenhang steht.

Neu aufgefundener Codex des Nibelungenlieds, mit Mahlereyen aus dem
dreyzehnten Jahrhundert. Von Bernhard Hundeshagen.

[...] Welch wunderbare freudige Lenkung des Schicksals erfolgt nun, freylich auch
nicht ohne frühere Trauer, daß die mittelrheinische Gegend, der ich jetzt noch näher
bin, einer Handschrift über die Geschichte ihrer ältesten und berühmtesten Helden
entbehret, und desto eifriger bemüht, ihr eine aufzufinden (besonders nachdem ich mit
dem Heldenbuch: ‚Alpharts Tod' so glücklich gewesen), daß ich auf dem Wege der
Aufsuchung altdeutscher Werke der bildenden Kunst, einen bey denselben bewahrten
Codex der Nibelungen treffe. Die schönen Mahlereyen hatten ohne Zweifel dieses
Loos ihm bestimmt, und ihn Jahrhunderte in Privatbesitz von Gemähldeliebhabern vor
der Vergänglichkeit oder Entführung gesichert. So wie früher der Dichtung der Bau,
so sollte dem Bildner die Dichtung vergangner Zeiten werden. Es sollte den Freund
seiner Einsamkeit auf die erfreulichste Art für sich und sein Vaterland entziehen.

Mit welcher Freude verweile ich nun über dieser alten Handschrift des unsterblichen
Gesanges, tröste mich bey dem Besitz derselben über so großen schmerzlichen Verlust
und frühere Aufopferung, und finde mich gestärkt in meinen Umgebungen. Das Bild
dieser schönen Vorzeit führt nicht allein den Dichter, sondern auch den Mahler mir
zu, und wo der Eine zurückbleibt durch die Gränzen der Sprache, führt der Andre
nach den Gesetzen der Kunst die Geschichte weiter aus. So folgen entweder am
Schlusse oder Anfang der Aventüren die Mahlereyen, die jedesmal mehr als die Hälfte
der kl. Folio-Blätter einnehmend. Die Farben sind lebhaft, wie an allen guten Werken
aus der alten Zeit, und unverändert. Die Zeichnung ist nicht allein sehr richtig und
bestimmt in ihren Umrissen: in den architektonischen Formen, deren oft vorkommen,
findet sich nichts Spitzbogiges. Der neugriechische oder byzantinisch-italische Styl,
der bis in das dreyzehnte Jahrhundert in Deutschland dauerte, verläugnet sich nicht.
Die Erfindung ist sinnig und verständig, ohne bizarre freche Auswüchse der
Phantasie, welche so oft ohne vernünftigen Zweck die Werke der spätern Dichter und
Künstler entstellen.

Die alte Handschrift selbst ist höchst sorgsam, fleißig und schön, in Strophen
abgesetzt, bis auf die Klage, welche fortlaufend geschrieben. Sie hat keines der
Merkmale einer Klosterarbeit, sondern, nach Glöckle's Zeugniß, ist sie den
pfälzischen Handschriften des Heldenbuchs in der Vatikanischen Bibliothek
vollkommen ähnlich, und verdankt ihr ursprüngliches Daseyn wol den hochherzigen
Pfalzgrafen, den ruhmwürdigen Erhaltern und Beförderern der Künste und

Wissenschaften am Mittelrhein. Der Text selbst weicht nicht allein durch das Vorwalten der mittelrheinischen Mundart, ihrer Wortstellung und Fügung, von den bekannten Handschriften ab, sondern gibt auch in einzelnen Stellen und Strophen bedeutende Abweichungen und Zusätze. So hat dieselbe am Schluß des Hauptgedichts noch eine besonders sinnige Handlung und einen Zweysprach zwischen Hildebrand und Chriemhild, nach dem Ersterer der Letzteren den Todesstreich versetzt. Dieser Abweichungen und Zusätze finden sich in Klage am allermeisten. Bernhard Hundeshagen. (Hundeshagen 1816: 124)

Nachdem an der von Hundeshagen angegebenen Herkunft des Kodex Zweifel geäußert wurden und sogar vom Erwerb von Diebesgut gesprochen wurde sowie wegen abfälliger Urteile über den philologischen Wert des Kodex verweigerte Hundeshagen jeglichen weiteren Einblick in das Werk. (vgl. Hornung 1968 und Eser 22015) Erst eineinhalb Jahre vor Hundeshagens Tod, also gegen 1856, wurde der Kodex wieder für die Forschung zugänglich. Die erste vollständige Ausgabe der Hs. b wurde 1924 gedruckt, somit mehr als einhundert Jahre nach deren Wiederentdeckung. Die 37 Bilder in dieser Veröffentlichung von Hermann Degering stehen jedoch aus drucktechnischen Gründen nicht am ursprünglichen Platz zwischen zwei Aventiuren sondern im Text, bei dem es sich um eine Übersetzung von Karl Simrock handelt. Die nachfolgende Tabelle enthält die wichtigsten Ausgaben beziehungsweise Transkriptionen der Hs. b ohne Forschungsliteratur.

Autor	Erscheinungs-jahr	Anmerkungen
Degering	1924	vollständige Wiedergabe mit Bildern, nhd. Übersetzung von Karl Simrock
Hornung	1968	fotografische Faksimile-Ausgabe der Bildseiten
Ritter	2008	mhd. und nhd.
Kofler	2012	mhd. Transkription
Eser	2015	mhd. Transkription

mhd./nhd. = Mittelhochdeutsch/Neuhochdeutsch

Ergänzend zu obiger Tabelle sind die online im Internet enthaltenen 31 Faksimiles der Miniaturen unter https://commons.wikimedia.org/wiki/Category:Hundshagenscher_Kodex zu nennen sowie das Büchlein von Blunck 1934 mit 12 verkleinerten Kopien der Bilder und

13

einer stark gekürzten Prosa-Nacherzählung des Textes. Darüber hinaus gibt es eine, für den Normalbürger eher unerschwingliche, Faksimile-Ausgabe der Handschrift, die unter Umständen in Landes/Staats-Bibliotheken eingesehen werden kann.

Die Tabelle zeigt, dass offenbar auch nach Hundeshagens Tod bis 1924 kaum von der Möglichkeit Gebrauch gemacht wurde, sich mit der Hs. b zu befassen, Karl Simrock ausgenommen. Seine Übersetzung in neuhochdeutschen Reimen aus dem Jahr 1868 wurde sowohl von Hermann Degering als auch von Ulrike Ritter benutzt. Allerdings handelt es sich bei Simrocks Buch um keine spezielle Ausgabe der Hs. b, sondern um die „19., verbesserte Auflage" seiner seit 1827 erscheinenden Übersetzung des Nibelungenlieds. Im Buchtitel steht folgerichtig „Vollständig mit Benutzung aller Handschriften", das heißt, neben den Texten der Haupthandschriften sind auch die Textabweichungen beziehungsweise Einschübe der Hs. b berücksichtigt und gekennzeichnet.

Schon Hundeshagen machte in seiner Mitteilung von 1816 auf die „am Schluß des Hauptgedichts noch besonders sinnige Handlung" in Form eines Einschubes aufmerksam. Abweichend von allen übrigen Handschriften sind nämlich bei Kriemhilds Tod zwei Strophen eingefügt, die man nach heutiger Lesart als Witz auffassen könnte. Diese zwei Strophen, nämlich b2344/2345, einschließlich der davor stehenden Strophe b2343 lauten wie folgt:

b2343   Hiltprant mit zorn   zu Kriemhilden sprang,

er schlug der kuniginne   ainen schweren schwertes schwang

Enmitten, da der borte   iren leib het vmb geben.

da must die kuniginne   verliesen ir werdes leben.

b2344   Daz schwert daz schnaid so drate,   daz sy sein nit enpfant,

daz sy het gerüret vnsanft.   sy sprach ze hant:

„ Dein waffen ist verplawen.   du solt es von dir legen,

es zimpt nicht wol ze tragen   aim als zierlichen degen."

b2345   Da zoch er von dem vinger   ain ring rot guldein.

er warf ir in für die füsse.   er sprach: „hebt ir daz vingerlein

Auf von der erden,   so habt ir war, edel wip."

sy naigt sich nach dem gold.   da viel enzway ir werder leib.

Simrock (1868: 773) übersetzt die Strophen b2344/45 folgendermaßen:
Das Schwert schnitt so heftig   dass sie nichts empfand,

14

das sie unsanft hätte berührt;   sie sprach zuhand:

„Dein Waffen ist erblindet,   du sollst es von dir legen:

es ziemt nicht dass es trage   solch ein zierlicher Degen."

Da zog er von dem Finger   ein golden Ringelein,

und warfs ihr vor die Füße: „Hebt ihr das Fingerlein

vom Boden auf, so spracht ihr   die Wahrheit, edel Weib."

Sie bückte sich zum Golde: da brach entzwei ihr werther Leib.

Die beiden Strophen klingen wie eine Version eines bekannten Scharfrichter-Witzes, den es in etlichen Varianten gibt. Eine davon lautet in Kurzform:

> Am Tag der Hinrichtung. Der Scharfrichter lässt sein Schwert in Richtung des aufrecht stehenden Delinquenten sausen. Der so Hingerichtete steht danach aber immer noch und lacht: „Haha, nicht getroffen!"
>
> Darauf der Henker: „Na, dann nick mal!"

Ein Vergleich dieses Witzes mit den Strophen b2344/2345 zeigt, warum dennoch letztere nicht dem Genre „Witz" zuzuordnen sind. Zu einem (guten) Witz „gehört das Überraschende, Unvermutete, Unvordenkliche […]." (vgl. Preisendanz 1970) Diese Eigenschaften fehlen bei den genannten Strophen, da in Strophe b2343 die Zweiteilung Kriemhilds durch einen Schwertschlag bereits vorweggenommen ist.

Schröder ergänzt seine Arbeit über Kriemhilds Ende zwar um zwei Scharfrichter-Witze, spricht aber lediglich von einer „Wanderanekdote, die gewiss in recht grober Weise auf Kriemhild übertragen ist und doch nicht ganz ungeschickt mit deren Goldgier verknüpft erscheint." (Schröder 1961: 331f.) Voetz nennt die beiden Strophen hingegen ein „Schwankmotiv" (in: Heinzle et al. 2003: 293), und Göhler wählt die Bezeichnung „schwankhafte Pointe, mit der man die Tragik der Katastrophe ins Unernste verschob." (vgl. Göhler 1995: 72)

Angesichts des todbringenden Gemetzels erscheint es aber eher unwahrscheinlich, dass der Verfasser der Handschrift diese mit einer Anekdote oder einem Schwank beschließen oder den Leser aufheitern wollte. Derartiges würde auch im Widerspruch zu dem auf den Burgunderuntergang hinarbeitenden, ahnungsvollen Erzählstil des Nibelungenlieds stehen. Frohsinn sucht man in dem Epos vergeblich, was sich auch darin ausdrückt, dass in der gesamten Erzählung nur drei- bis viermal gelacht wird. (vgl. Seeber 2010: 222f.)

Degering (1924: V) merkt folgerichtig an:

Uns modernen Menschen erscheinen solche ganz aus dem Zeitcharakter der Handlung herausfallende Zutaten als etwas ganz Unmögliches. Der mittelalterliche Mensch dagegen, der Schreiber sowohl wie der Illustrator und ebenfalls natürlich auch der Leser, hielt solche Modernisierungen für etwas ganz besonders Feines [...].

Degering (ebd.) weist auch darauf hin, dass das uns kurios erscheinende Ende von Kriemhild auf ein „orientalisches Märchenmotiv" zurückzuführen sei. Aber nicht nur dort, sondern auch in der nordischen Thidreks Saga findet sich eine vergleichbare Handlung. In Simrocks Ausgabe von 'Wieland der Schmied' lauten die entsprechenden Strophen wie folgt (Simrock 1835: 64f.), wobei „Goldbrand" Wielands Tarnname war:

Noch saß auf dem Steine   der Schmied Amilias
Wie auf dem Königsstuhle   und brüstete sich bass;
Den Kreis umher bestrahlten   die Waffen spiegelblank.
Da stellt mit dem Schwerte   sich Goldbrand hinter die Bank.

Legte Mimungs Schneide   auf des Helmes Hut
Und drückte leise, leise: "Nun sage, wie es tut,
Wenn du etwas spürest." Da sprach Amilias:
"Hau zu aus allen Kräften, lass Zorn dir helfen und Hass,

Du wirst sie wohl bedürfen,   eh' es den Helm versehrt."
Da drückte Goldbrand stärker   und stärker auf das Schwert:
Helm und Haupt durchfuhr es,   den Panzer und den Bauch
Und fuhr bis auf den Gürtel   und durch die Eisenhosen auch.

Da fragte Goldbrand wieder: "Nun sprich wie es tut."
Amilias versetzte: "Mir ist wie dem zumut,
Dem kalt ein Tropfen Wasser   niederrinnt den Leib:
Ich wähne gar du machst dir   hier unnützen Zeitvertreib."

Goldbrand entgegnete: "So schüttle dich einmal.
Du hast den letzten Becher   getrunken heut' im Saal."
Nun schüttelte sich mächtig   der Schmied Amilias:
Da fiel zu beiden Seiten   ein halber Ritter ins Gras.

Auch hier geht es nicht um einen Scherz oder Witz, sondern Amilias muss für seine Hoffart mit dem Tode büßen, während gleichzeitig die außerordentliche Schärfe des von Wieland geschmiedeten Schwertes vorgeführt wird.

Die in der Forschungsliteratur vielfach verbreitete Meinung zu den beiden Zusatzstrophen am Schluss der Hs. b ist diejenige, dass Kriemhilds Goldgier, der sie selbst im Tode noch erliegt, dem Leser oder Zuhörer drastisch vor Augen geführt werden soll. Eine solche Interpretation als Ergebnis einer Textanalyse ist wenig überraschend. Es gibt dazu jedoch auch eine andere, sachbezogene Sichtweise: Nach Hildebrands (vermeintlich) misslungenem Todesstreich, über den Kriemhild spottet, ist es nur natürlich, dass sie sich bückt um zu sehen, was für einen Ring Hildebrand ihr hier vor die Füße wirft - eine verständliche Reaktion.

Ein weiteres Beispiel für die Zweiteilung einer Person mit Hilfe eines scharfen Schwertes findet man in Heinrich Wittenwilers „Ring" (Wießner 1931: Vers 9020 bis 9049): Dietrich trennt den Riesen Egge (auch: „Ecke") mit einem Schwertschlag mittig durch, ohne dass dieser etwas verspürt. Erst als sich Egge bückt, zerfällt er in zwei Teile:

> Vers 9047ff.: Egg des seinen straichs vergass
>
> Und wolt sich nach dem Perner [Dietrich von Bern, d. Verf.] tuken:
>
> Des viel er auch da hin zu stuken.

Da dieses Motiv demjenigen am Ende der Hs. b sehr ähnelt, folgert der österreichisch-schweizerische Mediävist Samuel Singer dass Heinrich Wittenwiler eine „der Hs. b verwandte Fassung" des Nibelungenliedes kannte (Singer 1916: 39f.). Allerdings entstand Wittenwilers Ring bereits um 1400 (wahrscheinlich 1408/1410), also vor dem Kodex Hundeshagen (1436/1442), von dem auch keine weitere Fassung bekannt ist. Deshalb könnte man umgekehrt genauso gut annehmen, dass der Bearbeiter der Hs. b Wittenwilers Ring kannte und daraus die Idee zu Kriemhilds Ende übernahm.

Das Eckenlied selbst dürfte Wittenwiler nicht als Vorlage gedient haben, denn dort tötet Dietrich von Bern den Riesen Ecke nicht mit einem Schwertstreich, sondern er ersticht ihn: „das swert stach er durch Ecken" (vgl. Brévart 1999, Fragment E7, Strophe 169).

Der andere Einschub in Hs. b mit einer Länge von 23 Strophen wird in der Forschungsliteratur gerne als „Pulververschwörung" betitelt. Man findet ihn nahezu gleichlautend, auf 18 Strophen verkürzt, in Hs. n wieder. Deshalb und wegen einer ausführlichen Text- und Sachanalyse ist diesem Einschub ein besonderes Kapitel gewidmet (siehe: „Die 'Pulververschwörung' in den Handschriften b und n").

Handschrift k, Piaristenhandschrift

Die Hs. k ist Teil einer Sammelhandschrift, dem sog. „Lienhart Scheubels Heldenbuch". Lienhart Scheubel war ein Nürnberger Stadtbürger, der offenbar so wohlhabend war, dass er das Heldenbuch erwerben wenn nicht sogar in Auftrag geben konnte. Später gelangte es auf unbekannten Wegen in den Besitz des Paters Leopold Gruber (*1733, †1807) vom Piaristenkollegium St. Thekla an der Wieden (Wien) und wurde nach Grubers Tod in die dortige Bibliothek übernommen, wo es 1855 (oder 1856) von Julius Feifalik (*15.02.1833,

†30.06.1862) entdeckt wurde. Sie wurde deshalb anfangs „Feifaliks Handschrift" genannt, wobei damit nicht das komplette Heldenbuch sondern nur das Nibelungenlied gemeint war, für das damals bereits die Sigle k eingeführt wurde. (vgl. Zarncke (1856: XXII) Seit 1876 ist die Hs. k als Teil von Lienhart Scheubels Heldenbuch im Besitz der k. k. Hofbibliothek, der heutigen österreichischen Nationalbibliothek. Da die Hs. k Bestandteil des Heldenbuches ist, wird sie oft nicht mehr nach dem Auffindungsort, dem Piaristenkollegium, benannt sondern unter „Lienhart Scheubels Heldenbuch" geführt. Trotzdem bleibt „Piaristenhandschrift" eine gängige Bezeichnung.

Schon 1856 scheint Feifalik eine Ausgabe der Hs. k geplant zu haben, was aber nie zur Ausführung gelangte. Ursache dafür könnte u.a. sein früher Tod gewesen sein, denn er starb schon im Alter von 29 Jahren an Tuberkulose. Dennoch hinterließ er eine bereits beachtliche Anzahl von Veröffentlichungen. (vgl. Bednar 2013)

Unter den derzeit bekannten mehr oder weniger vollständigen elf Nibelungenlied-Handschriften befinden sich nur zwei, welche die KLAGE nicht enthalten, nämlich die Hss. k und n. Möglicherweise hielt man durch die Textbearbeitungen bzw. –Umarbeitungen dieser Populärausgaben die KLAGE für einen überflüssigen Anhang.

Die Hs. k folgt weitgehend der *C-Fassung; dort, wo die Vorlage offenbar Lücken aufwies, wurden diese anhand der *B-Fassung ergänzt. Da zwischen der Urfassung des Nibelungenlieds und der Hs. k ein Zeitraum von fast 300 Jahren liegt, wurde die Hs. k dem Publikumsgeschmack angepasst. Die Übertragung auf die spätmittelalterliche Umgangssprache erfolgte offensichtlich strophenweise, wenn nicht sogar zeilenweise.

Im allgemeinen darf also als bewiesen gelten: der Schreiber pflegte je ein Verspaar zu lesen und gleich zu übertragen. [...] Von einer wirklichen Umarbeitung des alten Gedichtes ist demnach keine Rede. Das Hauptabsehen muss gewesen sein, ja recht schnell fertig zu werden. (Lunzer 1895: 422)

Adelbert von Keller spricht von „übergroßer Eilfertigkeit" und dass die Schrift „flüchtig und vernachlässigt" sei (Keller 1879: 377) und bestätigt damit indirekt das Urteil von Justus Lunzer. Dieser lässt allerdings unberücksichtigt, dass der Schreiber bzw. Bearbeiter einige erläuternde Strophen eingefügt und das Epos von der Nibelungenstrophe auf die Hildebrandstrophe umgearbeitet hat. Beides erfordert deutlich mehr Beschäftigung mit dem Epos als eine reine Umschreibung in die Volkssprache. Dies wird durch den Unterschied zwischen Nibelungenstrophe und Hildebrandstrophe verdeutlicht: Die Nibelungenstrophe besteht aus vier Langzeilen bzw. Langversen, die paarweise gereimt sind und in der Mitte, also zwischen Anvers und Abvers, eine Zäsur (Sprechpause) aufweisen. Jeder An- und Abvers weist drei voll betonte Silben auf. Nur der Abvers der vierten Langzeile verfügt über eine zusätzliche, vierte betonte Silbe. Dies ist das besondere Kennzeichen der Nibelungenstrophe. Zu dieser hier sehr vereinfachten Beschreibung der Nibelungenstrophe ist anzumerken, dass es in der Fachliteratur davon abweichende Erklärungen gibt. Eine kurzgefasste Erläuterung hierzu findet sich bei (Schulze 2003: 99, Fußnote 7).

Als Beispiel für eine Nibelungenstrophe sei hier die Strophe C3 (Strophenzählung nach Schulze 2005) ausgewählt:

> Ir pflagen dri kunige   edel unde rich:
> Gunther unde Gernot,   die recken lobelich,
> und Giselher der junge,   ein waetlicher degen,
> diu frowe was ir swester,   die helden hetens in ir pflegen.

Die Hildebrandstrophe, die man als vereinfachte Nibelungenstrophe bezeichnen kann, verfügt auch im letzten Abvers über nur drei Hebungen, wie das Beispiel der Strophe k4 (Zählung nach Keller 1879) zeigt:

> Die kunigin het drei bruder,   drei edel kunig reich,
> Gernot und auch Gunthere,   zwen degen lobeleich,
> Der drit hies Giselhere,   ein junger kunig zart;
> Krenhilt die was ir schwester,   geporen aus kuniges art.

Häufig wird an Stelle von „Hildebrandstrophe" der Ausdruck „Hildebrandston" verwendet. „Ton" bezeichnet jedoch die Gesamtheit von Strophe (Metrik) und Melodie, was für die Sangesepik zutrifft, jedoch nicht für ein spätmittelalterliches Epos, welches sich an die literale Gesellschaft wendet. (Leser, die das Thema Metrik vertiefen möchten, seien u.a. auf das Werk von Paul/Glier hingewiesen)

Das vorstehende Beispiel mit den Strophen C3/k4 lässt noch die Herkunft der Hs. k von *C erkennen. Vergleicht man aber die jeweils ersten Strophen miteinander, dann sieht man, wie sehr sich der Bearbeiter der Hs. k auch von der Vorlage entfernen konnte.

> C1: Uns ist in alten maeren   wunders vil geseit:
>   von helden lobebaeren,   von grozer arebeit,

von freude und hochgeciten, von weinen unde klagen,

von küener recken striten muget ir nu wunder hoeren sagen.

k1: Was man von wunder saget, von sturmen und von streit,

und die da sein geschehen bei kunig Etzels zeit,

der nam ein schone frawen, als man noch hort sagn;

Sich hub durch iren willen groß jamer unde clagn.

Dies ist nur eines von mehreren Beispielen. Goedeke (1859: 102) stellt fest: „Die Handschrift ist, nach einer Mitteilung des Entdeckers, […] doch nicht so späte Abschrift, sondern wirkliche Bearbeitung. Zunächst schließt sie sich zwar an C an, aber so, dass sie auch Strophen, die A allein, einmal eine, die nur D eigentümlich ist, bietet und überdies eine bedeutende Anzahl von Strophen hat, die allen Handschriften fehlen, während sie ihrerseits wieder Strophen der übrigen ausläßt." Die vorgenommenen Bearbeitungen reflektieren gewissermaßen den kulturellen Wandel vom Hoch- zum Spätmittelalter, wobei das Heroische dem Menschlichen weicht. Zwei Strophen sollen dies verdeutlichen. Die Strophe C2149 hat ihre Entsprechung in Strophe k2142. Beide lauten:

C2149: Do sprach von Burgonden Giselher daz kint:

„ir Ezeln recken, die noch hie lebende sint,

waz wizet ir mir degene? **Waz han ich iu getan?**

Wande ich vil minnekliche in dizze lant geritten han."

k2142: Da sprach her aus Purgunden her Giseher der degn:

„Her kunig und ir Hewnen, **nun fristet mir mein lebn!**

Wez zeihet ir mich armen? waz hab ich euch getan?

Wann ich kam her in trewen und alle meine man."

Während also Giselher in C2149 die Hunnen nur fragt, was sie ihm vorwerfen, da er doch voller Aufrichtigkeit in ihr Land geritten sei, bittet er in k2142 die Hunnen, ihn am Leben zu lassen („nun fristet mir mein lebn!"). Noch deutlicher wird der Unterschied zwischen dem heroischen und menschlichen Verhalten in den Strophen C2429 und k2430:

C2429: „Ich bringez an ein ende", gedaht daz edel wip.

do hiez si ir bruoder nemen den lip.

man sluog im abe daz houbet. Bi hare si ez truoc

für den helt von Tronege. **Do ward im leide genuoc.**

k2430: „Ich bring es an ein ende", so sprach daz edel weip.

Da hies si irem bruder da nehmen seinen leip.

Man schlug im ab daz hobet, beim har si daz hin trug

und wurf es fur den Hagen; **da weint der ritter klug.**

Als Kriemhild Gunthers abgeschlagenes Haupt an der Haaren zu Hagen brachte, da empfand dieser in C2429 tiefen Schmerz („leide genuoc"), in k2430 dagegen weint der Held sogar.

Ein weiteres Beispiel für den kulturellen Wandel ist die im Spätmittelalter zunehmende Frömmigkeit, die sich in Hs. k in entsprechenden Formulierungen äußert. Aus mehreren Beispielen seien hier die Strophen C32 und k34 herausgegriffen:

C32: Got man do zen eren eine messe sanc.

do wart von den liuten vil michel der gedranc,

da si ze ritter wurden nach ritterlicher e

mit also grozzen eren, daz waetlich immer me erge.

k34: Da man daz ampt vollbrachte und messe da gesank,

Manch ritter bracht sein opfer und sagt got lob und dank.

Dar nach macht man zu ritter vil mangen kunen degn

Nach christlichen orden und gab in gottes segen.

In Strophe C32 wird nur davon berichtet, dass zu Gottes Ehren eine Messe stattfindet. In Strophe k34 dagegen, in der „Gott Lob und Dank" gespendet wird und die mit „Gottes Segen" endet, wird, wie für den Leser leicht ersichtlich, das Religiöse hervorgehoben. Im Folgenden hierzu noch zwei weitere Beispiele:

In Aventiure 17 bittet Kriemhild nach der Totenmesse in Hs. C, sie nicht allein die Totenwache halten zu lassen. In k1052 hingegen will sie bei ihm (gemeint ist der tote Siegfried) wachen und für seine Seele beten: „Ich will heint bei ihm wachen und bitten für sein sel." Und in Aventiure 19 heißt es in C1114,3: Si bat got den richen, der sinen sele pflegn (Sie bat Gott den Allmächtigen, seine [Siegfrieds, d. Verf.] Seele zu bewahren), während der Text von k 1101,3 folgendermaßen lautet: Si pat da Crist von himel seinr armen sele pflegen. Kriemhild betet also zu Christus im Himmel für Siegfrieds Seele.

Obwohl Hs. k die KLAGE nicht enthält, finden sich in ihr drei Strophen, die aus der KLAGE stammen. Auf diesen Umstand wird in fast der gesamten Forschungsliteratur hingewiesen. Es handelt sich um die Strophen k2127 bis 2129, die im Liedteil der Haupthandschriften nicht vorkommen sondern nur in der KLAGE, und die hier einen Einschub am Ende der 34.

Aventiure darstellen. Allerdings handelt es sich nicht um eine bloße Abschrift der betreffenden KLAGE-Strophen. Vielmehr diente der Stropheninhalt als Grundlage einer Bearbeitung, wie die nachfolgende Abschrift der relevanten Strophen zeigt. Aus dieser Tatsache wird gefolgert, dass der Bearbeiter der Hs. k die KLAGE gekannt haben muss. Da die Handschrift aber, wie oben erwähnt, offenbar in Eile niedergeschrieben wurde, ist es höchst unwahrscheinlich, dass der Bearbeiter die KLAGE durchgelesen hat, nur um passende Hinweise für zusätzliche Strophen zu finden. Lunzer folgert auf Grund solcher Überlegungen, dass die fraglichen Strophen zwar aus der KLAGE stammen, aber „bereits in der Vorlage standen". (Lunzer 1895: 470f.)

Die bislang vorgestellten Beispiele, denen noch weitere folgen könnten, beweisen, dass die Hs. k nicht nur eine Übertragung in eine Volkssprache sondern tatsächlich eine Bearbeitung oder Fassung - je nach Definition - darstellt.

k1227 - 1229	Klage 345 - 363
Da eilet auf di geste drei fursten weit erkant.	Der herzoge Herman,
Von Polant waz der eine, herzog Herman genant,	ein fürste uzer Polan,
Und aus der Walacheie Sigher, der küne degn	und Sigeher von Walachen,
Und Walach aus den Turken. Di wollten streites pflegn.	vil willecliche rachen
	der edeln Kriemhilde leit.
Wol mit zwei tausend recken, si brachten mit in dar,	zwei tusent ritter gemeit
Dar under manger ritter waz da in irer schar.	si brahten zuo der wirtschaft,
Di mant di kuniginne und auch der kunig reich	die von der edelen geste kraft
Und klagten in mit trewen ir leit so klegeleich.	sit alle wurden verswant
	dar het durh kriechischiu lant
Da globten si zu fechten; man ghis in landes vil	braht uz Türkie
Und reichen schatz von golde, als ich euch sagen wil.	Walber der edelvrie
Si waren gewapnet feste und trungen in daz haus.	zwelf hundert siner man:
Ir keiner mit dem leben kann nimmermer daraus.	die muosen alle da bestan,
	swaz ir von Kriechen was bekomen,
	und swaz die heten da genomen
	des Kriemhilde goldes
	und Etzelen soldes:
	den dienten si vil swinde.

(Zeilenzählung der Klage nach Classen 1997)

Da sich die frühere Forschung „überwiegend auf die hochmittelalterlichen Werke [des Nibelungenlieds, d. Verf.] konzentriert und den späteren Fassungen keinerlei Eigenwert zugebilligt hat" (Hoffmann 1979: 130), ist es nicht weiter verwunderlich, dass die Rezeptionsgeschichte der Hs. k nur drei Gesamtausgaben ausweist:

Autor	Erscheinungs-jahr	Anmerkungen
Keller	1879	mhd. Transkription
Springeth	2007	mhd. Transkription
Sagmeister	2012	mhd. (Neu-)Transkription, Online-Ausgabe

Werner Hoffmanns Kommentar zur Hs. k bildet einen passenden Schlusssatz zum vorliegenden Kapitel:

> *Dies ist überhaupt das Erstaunliche: die spätmittelalterliche Bearbeitung des Nibelungenlieds in Lienhart Scheubels Heldenbuch, in der kaum ein Vers und keine einzige Strophe unverändert geblieben ist, ist, von der Fabel her gesehen, doch noch genau die gleiche Dichtung, die fast 300 Jahre früher zum ersten Mal zu Pergament gebracht wurde [...].* (Hoffmann 1979: 139)

Handschrift n, Günderrode 3740

In Heft 1976/1 der Zeitschrift für deutsches Altertum und deutsche Geschichte konnte man folgenden Beitrag lesen:

> *Seit Weigands Abdruck* [ZfdA, 1856, 142-146, d. Verf.] *ist es bekannt, dass in Darmstadt (Hs. 3249) das Nibelungenfragment m liegt, ein Verzeichnis der ersten 28 Aventiuren einer erweiterten rheinfränkischen Fassung des Werkes vom Anfang des 15. Jh.s. Nach dem ersten Weltkrieg ist mit der Sammlung Günderrode eine weitere Nibelungenliedhandschrift nach Darmstadt gelangt, deren Existenz bislang verborgen geblieben ist.*
>
> *Es handelt sich hierbei um die Hs. 4257, früher Günderrode 3740, die i. J. 1449 von einem Johannes Lang geschrieben worden ist. Die Papierhs. enthält den zweiten Teil des Nibelungenliedes mit dem Untergang der Burgunden, der erste ist in Kurzfassung vorangestellt. Zur Geschichte der Hs. ist über das 18. Jh. hinaus nichts mehr zu ermitteln; in dieser Zeit ist sie wohl für die Günderrode-Bibliothek neu gebunden worden.* (Vorderstemann 1976: 115)

23

In der Fußnote 2 zu vorstehender Meldung merkt Vorderstemann noch an: „Herrn Linck verdanke ich den Hinweis auf die Handschrift." In einem späteren Teil seines Beitrages findet sich noch der Hinweis „Die enge Verbindung von n, wie wir die neue Hs. wohl nennen müssen, [...]." (ebd.: 120)

Mit dieser nüchternen Veröffentlichung wurde die 1975 erfolgte Auffindung einer neuen Hs. n des Nibelungenliedes publiziert. Was für ein Gegensatz zur blumigen Geschichte des Herrn Hundeshagen über die Entdeckung der nach ihm benannten Hs. b!

Inzwischen wurde festgestellt, dass die Hs. n Bestandteil einer Sammelhandschrift war, zu der noch „Alpharts Tod" und „Wilhelm von Österreich" gehörten.

Die Datierung der Handschrift n schien zunächst einfach, da die letzte Strophe auf das Jahr 1449 hinweist:

Geschreben von johanin langen vnd geendet

Am samstag in der fasten am palmobent genenet,

Da man zalt noch Crystus gebort, das yst war,

MCCCC vnd in dem nun vnd viertzigsten jar.

Allerdings deuten Untersuchungen der Wasserzeichen der drei einst zusammengehörenden Papierhandschriften auf ein späteres Datum hin, nämlich zwischen 1470 und 1480. Da es sich bei der Hs. n nach Meinung der Fachwelt nicht um ein Autograph sondern um eine Abschrift handelt, lässt sich der Widerspruch in der Datierung folgendermaßen erklären: Der Abschreiber hatte 1470/1480 die Schlussstrophe der Vorlage mit der Jahreszahl 1449 unverändert übernommen.

Obwohl Jürgen Vorderstemann die Hs. n bereits 1975 entdeckt hatte, wurde deren Gesamttext von ihm erst 2000 und von Peter Göhler 1999 veröffentlicht und damit der Forschung allgemein zugänglich gemacht. Wenig hilfreich ist dabei die abweichende Strophenzählung beider Ausgaben, nämlich 898 Strophen bei Göhler und 901 Strophen bei Vorderstemann trotz gleicher Verszahl. Die im Vergleich mit anderen Handschriften des Nibelungenlieds niedrige Strophenzahl ist keine Folge von Blattverlusten, sondern hat ihre Ursache darin, dass die Hs. n erst mit dem Aufbruch der Burgunder ins Hunnenland beginnt.

Die Originalhandschrift ist nicht in Strophen und Aventiuren unterteilt, jedoch nimmt jede Zeile nur einen Vers auf. Zwecks besserer Vergleichbarkeit mit anderen Nibelungenlied-Handschriften haben beide Herausgeber eine entsprechende Stropheneinteilung vorgenommen. Göhler fasst grundsätzlich vier Zeilen zu einer Strophe zusammen, während sich Vorderstemann beim Stropheninhalt an der B-Fassung orientiert und daher, um Übereinstimmung zu erzielen, einige zweizeilige Strophen neben den ansonsten vierzeiligen

Strophen verwendet. Diese Vorgehensweise ist nachfolgend zum besseren Verständnis an Hand eines Beispiels erläutert.

Handschrift n:

Myt eynem schyltrymen eyn syden borten smal
Da gahet sych gein dem walde manch helt zü tal
Hagen wart wol entphangen von manchem rytter güt
Danoch swebet jm schyffe das heyß flyßen blut
Von den dyeffen wonden dye er dem fergen slug
Hagen von troyen wart da gefraget gnüg

Edition Göhler:

65   Myt eynem schyltrymen eyn syden borten smal
     Da gahet sych gein dem walde manch helt zü tal
     Hagen wart wol entphangen von manchem rytter güt
     Danoch swebet jm schyffe das heyß flyßen blut.

66   Von den dyeffen wonden dye er dem fergen slug.
     Hagen von troyen wart da gefraget gnüg.
     ....
     ....

Edition Vorderstemann:

65   Myt eynem schyltrymen eyn syden borten smal
     Da gahet sych gein dem walde manch helt zü tal.

66   Hagen wart wol entphangen von manchem rytter güt
     Danoch swebet jm schyffe das heyß flyßen blut
     Von den dyeffen wonden dye er dem fergen slug
     Hagen von troyen wart da gefraget gnüg.

Handschrift B:

1565 Mit einem schiltvezzel   das was ein borte smal
      gegen einem walde   kert' er hin ze tal.
      do vand er sinen herren   an dem stade stan.
      do gie im hin engegene   vil manic wätlicher man.

1566 Mit gruoze in wol enpfiengen   die snellen ritter| guot.
      do sahens' in dem schiffe   riechen daz bluot
      von einer starken wunden,   die er dem vergen sluoc
      do wart von den degenen   gefraget Hagene genuoc.

Man sieht, dass die Verse B1565,3/4 in der Hs. n nicht vorkommen, weshalb Vorderstemann hier eine zweizeilige Strophe 65 vorsehen musste.

Die Hs. n ist eine Mischfassung, unterscheidet sich aber von der bekanntesten Mischform *D, bei der auf einen *C-Teil mit 270 Strophen die restlichen Strophen in der *B-Fassung folgen, dadurch, dass ein ständiger Vorlagenwechsel vorliegt. Göhler und Vorderstemann sehen die Hs. n in großer Nähe zu *C mit erheblichem Einfluss von *B und Anleihen aus anderen Fassungen, insbesondere von k und b. Kofler betrachtet die Hs. n als eine komplexe Mischung unterschiedlicher Fassungen. Anstelle von *B gilt für ihn die *I(J)-Fassung als die zu Grunde liegende nôt-Fassung. Seine nachfolgende, detaillierte Analyse unterscheidet „Handschriften-neutral" nur zwischen nôt- und liet-Lesarten (vgl. Kofler 2014: 81). Die Zahlenwerte sind nur als Näherungswerte zu betrachten.

Strophen	Verhältnis von nôt- zu liet-Lesarten
1 – 20	3,5 : 1
21 – 160	6,1 : 1
161 – 180	1 : 1
181 – 384	1 : 2,4
385 – 517	1 : 3,8
518 – 901	1 : 1,9
1 - 901	1 : 1,5

Bei aller möglichen Ungenauigkeit der Zahlen zeigt sich dennoch ein Übergewicht der liet-Lesarten, was indirekt auch die Auffassung von Göhler und Vorderstemann bestätigt. Die obigen Strophenabschnitte sind keineswegs „reinrassige" nôt- oder liet-Lesarten, sondern enthalten auch Strophen der jeweils anderen Lesart, Einschübe und Zusätze aus anderen Fassungen sowie vereinzelt Episoden aus der ‚Thidreks Saga', dem ‚Rosengarten' und dem ‚Hürnen Seyfrid'. Weiterhin muss berücksichtigt werden, dass die *I-Redaktion bereits eine größere Anzahl von Strophen der *C-Fassung enthält (vgl. Henning 2000: 429).

Bei Strophe 1 bis 20 handelt es sich um eine Einleitung, welche die Handlung des Nibelungenlieds beginnend mit dem Streit der Königinnen bis zum Aufbruch der Burgunden ins Hunnenland, und damit etwa sechzig Prozent der Erzählung, sehr komprimiert zusammenfasst. Das Ende der Einleitung bis zum Einsetzen des eigentlichen Nibelungenlieds wird unterschiedlich angegeben, nämlich von Strophe 19, 20 oder 21 (Strophenzählung nach

Vorderstemann). Die Unterschiede rühren daher, dass keine der Strophen der Hs. n vollständig bzw. eindeutig einer der Haupthandschriften entspricht. Die beste Übereinstimmung scheint bei Strophe n20 mit B1523 vorzuliegen, was auch der obigen Einteilung von Kofler entspricht. Für Edward Haymes stellt die Einleitung etwas Besonderes dar:

> *Was aber vor dem zusammenhängenden Nibelungenliedtext steht, ist vielleicht das Kostbarste der Handschrift, da es gewissermaßen ein neues Stück Nibelungendichtung aus der Mitte des 15. Jahrhunderts darstellt. Diese Zusammenfassung scheint tatsächlich das zu sein, was man bei manchen Werken der Heldendichtung vermutet hat, d.h. ein aus dem fehlerhaften Gedächtnis eines Schreibers (bzw. Nachdichters) zusammengewürfeltes Resümee einer Geschichte aus der Heldensage. [...] An einigen Stellen meinen wir einzelne Verse aus dem schriftlichen Epos zu vernehmen, während an anderen Stellen Spuren ganz anderer Nibelungendichtungen durchschimmern.* (Haymes 2000: 456)

Ohne Kenntnis einer der Haupthandschriften A, B oder C des Nibelungenlieds stellt sich die Einleitung streckenweise unverständlich, sprunghaft oder unlogisch dar. Dies hat u.a. seine Ursache darin, dass „nur sechs der zwanzig Strophen des Eingangsteils eine Entsprechung im ‚Nibelungenlied' haben" (Kofler 2014: 78).

Dass die Hs. n auf den Untergang der Burgunden reduziert ist, könnte daran liegen, dass dem Bearbeiter nur eine defekte Vorlage, in der die ersten vierundzwanzig Aventiuren fehlten, vorgelegen hatte. (vgl. ebd. 454) Die nachfolgende Zusammenfassung der Einleitung zeigt die Eigenständigkeit dieses Teils der Hs. n. (Bei kursiv geschriebenen Wörtern oder Texten handelt es sich um wörtliche oder sinngenaue Übersetzungen.)

> Die Frauen Brünhild und Kriemhild saßen beieinander und sprachen über das große Ansehen ihrer Ehemänner. Brunhild sagte: „Ich habe einen solchen Mann, dass er über allen diesen (König-)Reichen stehen sollte." Kriemhild entgegnete: „Das mag wohl sein, wenn niemand lebte außer Dir und Deinem Mann." [Im Gegensatz zu den Haupthandschriften sind hier die Frauennamen vertauscht, d. Verf.] Kriemhild fuhr fort: „Es war der kühne Siegfried, der Dir die Jungfernschaft nahm. Sieh auf meine Hand, wo ich das Beweisstück trage." [Gemeint ist der Fingerring, d. Verf.] Brünhild aber bedeutet ihr, dass das Beweisstück wenig nützlich sei. „Manchem Ritter und Helden werden Schild und Helm zerschlagen werden und Siegfried wird sein Blut vergießen."

27

Brünhild ging zu König Gunther und beklagte sich über Kriemhilds Anschuldigungen. Er sprach: „Für das Leid, das meine Schwester Kriemhild Euch angetan hat, muss Siegfried wohl mit dem Tode bestraft werden. *Es mag sich fügen, dass ich ihm das Leben nehme.*" Hagen allerdings rät, nur die zwei Frauen voneinander zu trennen.

König Gunther und Hagen bereiteten einen Jagdausflug vor, um Schweine, Bären und wildes Getier zu erlegen. Sie baten Kriemhild: *„Frau Kriemhild, leih uns Deinen Mann. Siegfried den Kühnen, müssen wir mit uns haben."* Sie lehnte es ab, denn Siegfried sei ihr zu lieb, nachdem er sie vom *Drachenstein* gerettet habe. Da versprach Hagen: *„ Wir bringen ihn wirklich wieder gesund zurück, es sei denn, dass ihn der Tod daran hindert."*

Als Siegfried an einer Quelle lag und daraus trank, erstach ihn sein *Schwager* von hinten zwischen den Schultern. *Sie trugen den Toten in Kriemhilds Kammer und legten ihn der Schlafenden in den Arm.* Als sie erwachte, und Siegfried keine Antwort gab, stellte sie fest, dass er tot sei. An seinem unbeschädigten Schild erkannte sie, dass es sich um Mord gehandelt habe. Unter großem Klagen wurde Siegfried begraben. Kriemhild trauerte 30 Jahre lang und auch dann noch, nachdem sie König Etzels Gemahlin geworden war. Das war, als Etzels Frau Helche starb und man ihm den Rat gab, um Kriemhild aus dem Land der Nibelungen zu werben. Er sandte Boten über die Donau an den Rhein zu der schönen Königin. Als König Etzel sie zum ersten Mal sah, ergriff ihn große Liebe zu ihr. Kriemhild wurde im Hunnenland von Rittern und Helden empfangen. Jetzt wollte sie Rache nehmen für das Leid, das man ihr zugefügt hatte. Sie sandte Boten zu ihrem Bruder, dass er schnell zu ihr kommen solle, denn *Etzel sei verstorben und sein Gehilfe sei sehr krank.*

Hier endet die Einleitung, und die eigentliche Erzählung beginnt mit dem Aufbruch ins Hunnenland. Wenngleich der Text im Wesentlichen den Haupthandschriften folgt, finden sich zahlreiche Abweichung davon. Es handelt sich dabei um Umstellungen (innerhalb einer Strophe oder eines Strophenblockes), um Auslassungen und, vor allem, um Zusätze und Einschübe. Walter Kofler (Kofler 2014: 99 – 106) hat dies im Detail untersucht und kommt zu folgendem Ergebnis (die Einleitung nicht berücksichtigt):

Anzahl der Umstellungen: 17 Strophen

Anzahl der Auslassungen: 7 Strophen

Anzahl der Zusätze und Einschübe: 80 Strophen

Für Einzelergebnisse wird auf Koflers Beitrag von 2014 verwiesen.

Einige besonders auffällige Änderungen und Einschübe sollen aber nachfolgend beschrieben werden.

- ❖ Einem Einschub mit 18 Strophen bei der Ankunft der Burgunden in Etzels Land [entspricht Aventiure 28, d. Verf.], welcher große Übereinstimmung mit Hs. b aufweist (dort hat der Einschub 23 Strophen) ist wegen einer ausführlichen Analyse ein besonderes Kapitel gewidmet (siehe: „Die 'Pulververschwörung' in den Handschriften b und n").

- ❖ Ortliebs Tod weicht sowohl von den Haupthandschriften als auch von den Hss. b und k deutlich ab. Als Hagen Ortliebs Tod ankündigt, fleht dieser um sein Leben mit folgenden Worten (freie Reimübersetzung des Verfassers der (Strophe n440 – n442; Zählung nach Vorderstemann):

  > Da sprach höflichst Ortlieb, das Kindelein,
  > „Nein, Held Hagen, lass Dein Zürnen sein!
  > Hat meine Mutter etwas Leid Dir angetan,
  > dann lass es mich nicht büßen, edler Mann!"

  > Mit Händen wehrt er ab den Ungestümen,
  > „Nein, Held Hagen, nicht mit dem Tod soll ich das sühnen.
  > Gemäß der Fürsten Ehre, edler Ritter, will ich stets leben,
  > zu keiner Zeit werd' Leidvolles ich Dir geben.

  > Du sollst mich leben lassen; bin ich einst ein Mann,
  > bekommst Du Rat und Hilfe, so gern und gut ich geben kann
  > mit Leib und Gut, so viel ich kann erwerben.
  > Damit ich Dir in Treue stets dienen kann auf Erden.

  Kriemhild versucht dann vergeblich, Ortlieb vor Hagen zu retten.

- ❖ Während des Gefechts im Saale lässt der Schreiber der Hs. n völlig unpassend 72 Teufel auftauchen (n807):

  > Zweiundsiebzig Teufel waren gekommen dortenhin,
  > die das Morden rieten Kriemhild, der Königin.
  > Als Wolfhart der Kühne schwang das Schwert über's Haupte hoch
  > die Teufel mussten fliehen; einer verkroch sich in ein Loch.

29

Dieser Teufel bzw. Geist erzählte später Bischof Pilgrim was in dem Festsaal geschehen war.

❖ Ein weiterer kurioser Einschub findet sich in Strophe n613, laut Vorderstemann (2000: 143) eine Fortsetzung des Einschubes „Pulververschwörung". Allerdings handelt es sich hier nicht um die Herberge, sondern um den Festsaal, und ein von Anfang an geplanter Anschlag auf die Burgunden lässt sich hier nicht erkennen.

Ein steinern Gewölbe überdeckte den Saal ganz frei,
nur gestützt an einigen Stellen durch Säulen aus Blei.
Wenn die Hitze wurde groß, sie würden alle geschmolzen sein.
So wollte sie erschlagen die Helden mit dem Gestein.

Dies allerdings wussten die Helden zu verhindern, indem sie die Säulen mit Blut bestrichen und dadurch abkühlten.

Die vorstehenden Beispiel sowie die Detailuntersuchungen von Kofler belegen, dass die Hs. n eine eigenständige Überarbeitung des Nibelungenlieds darstellt, welche trotz zahlreicher Weglassungen und Einschübe eine weitgehend schlüssige Handlung erzählt. „Anders als etwa bei Redaktion k stand dabei nicht die sprachlich-formale Überarbeitung bzw. Glättung im Mittelpunkt, sondern handfeste Veränderungen durch Auslassungen, Zusätze, Umstellungen und Umformulierungen." (Kofler 2014: 106)

Die „Pulververschwörung" in den Handschriften b und n

Ein besonderes, textliches Unterscheidungsmerkmal zu den übrigen 34 Handschriften des Nibelungenlieds stellt ein Einschub dar, welcher Kriemhild einen Hinterhalt für die Burgunden vor deren Ankunft an Etzels Hof unterstellt.

Dieser Einschub besteht bei der Hs. b aus 23 Strophen (b1678 bis b1700), bei der Hs. n aus 18 Strophen (n162 bis n179). Die Handlung besteht darin, dass Kriemhild beim Nahen der Burgunden Dietrich von Bern auffordert, sie an Hagen zu rächen. Dietrich weist dies brüsk von sich und schickt Meister Hildebrand den Burgunden entgegen, um diese vor der „verminten Herberge an der Donau" (Göhler 1999:18) zu warnen. „Hier liegt der erzählerische Schwerpunkt des Einschubes" (ebd.).

Die Schlüsselstelle stellt die Strophe b1693 dar, die in neuhochdeutscher Übersetzung (Simrock 1868: 559) wie folgt lautet:

Wißt, in drei schönen Rohren,   die hohl von innen sind,

Schwefel und Kohlen   mischten sie falsch gesinnt:

Das wird angezündet,   wenn sie zu Tische gehn.

Davor sollt ihr euch hüten   ihr stolzen Degen ausersehn.

(Auf die teils anders lautende Strophe n174 wird später eingegangen)

Man könnte hier von verborgenen Rohrbomben sprechen, wobei mit dem Terminus „Bombe" keine Aussage zur Wirkungsweise verbunden ist.

In der Rezeptionsgeschichte der Hs. b fällt schon früh dieser merkwürdige Einschub auf. So berichtet Zeune unter dem Titel „Nibelungen in Mainz" folgendermaßen:

> *Es wäre zu wünschen, daß eine öffentliche Büchersammlung diese Mainzer Handschrift kaufte, die wegen ihrer sauberen Bilder am Schlusse jeder Abenteure und wegen eigenthümlicher Lieder merkwürdig ist. So enthält die XXIX Abenteure (bei Andern XXVIII) bei der Warnung Dietrichs von Bern, sich vor Chriemhilden zu hüten, die Anzeige, daß sie in einem Hohl habe drei Röhren bereiten lassen voll Schwefel und voll Kohl, um die Burgunden in die Luft zu sprengen; also eine wahre Pulververschwörung! (Zeune 1837: 69)*

Der Begriff „Pulververschwörung" taucht danach in der Literatur immer wieder auf, wie zum Beispiel bei Zarnke (1856: XXII) , Eser (2015: 10) und Simrock (1868: VIII). Auch von „Sprengung" ist dabei die Rede. Dabei lautet der Originaltext, transkribiert von Eser (2015: Strophe 1693) wie folgt:

Da gent in drei roren,   die sind jnnan hol,

die sind geworcht schone   mit schwebel und mit kol.

Die sol man an zunden,   so die dische sind berait,

daruor sult ir euch hütten,   ir stoltzen hold vil gemait.

Von einer Sprengung, wie Zeune schreibt, ist hier nicht die Rede.

Es gibt offenbar zwei grundlegend verschiedene Meinungen, wie der erste Vers der Strophe b1693 zu verstehen sei. Zeune übersetzt „die sind innan hol" mit „die sind in einem Hohl" („hol" Mhdt, bedeutet sowohl hohl, leer als auch Höhle, Loch). Simrock übersetzt dagegen mit „die sind innen hohl". Dass Rohre „innen hohl sind" ist zwar logisch und müsste nicht besonders erwähnt werden, aber hier geht es um ein Reimepos, und deshalb ist eine derartige Wiederholungen von Eigenschaften nicht ungewöhnlich.

Die Arbeitsstätte Göttingen des Mittelhochdeutschen Wörterbuchs schließt sich jedenfalls der Übersetzung von Simrock weitestgehend an.

Die entsprechende Strophe in Handschrift n lautet gemäß Vorderstemann (2000: Strophe 174) und Göhler (1999: Strophe 171) wie folgt, wobei Göhlers Text einige kleinere Abweichungen in der Schreibweise aufweist:

> Es yst gebuwen myt sueln, dye sint alles hol.
>
> Myt swebel vnd myt bech sint sye alles vol,
>
> Das wel man anzonden, yr hylden lobesam.
>
> Da solt yr vch vor huden, myn her vch alles guden gan.

Diese Strophe könnte man folgendermaßen übersetzen:

> Es ist da ein Gebäude mit Säulen, die sind alle hohl,
>
> mit Schwefel und mit Pech sind sie alle voll.
>
> Das will man anzünden, ihr Helden hochgepreist,
>
> davor sollt ihr Euch hüten, mein Herr Euch alle Gunst erweist.

Der signifikante Unterschied zum Einschub in Hs. b besteht darin, dass die Rohre nicht mit Schwefel und Kohle sondern mit Schwefel und Pech gefüllt sind. Dies gibt Anlass zur Diskussion über die Wirkung dieser Mischungen im Allgemeinen.

Aus der Rezeptionsgeschichte des Einschubes ist zu entnehmen, dass die einzelnen Autoren die Wirkung der Rohrbomben unterschiedlich bewerten. Die Bewertungen reichen von Brandwirkung über Sprengwirkung bis hin zu Kanonen. Tatsächlich aber weist eine Mischung von Kohle(pulver) und Schwefel(pulver) im Einschub der Hs. b keine nennenswerte Wirkung auf, schon gar nicht unter Luftabschluss, also wenn sie in Rohre gefüllt ist. Gefährlich wird dieses Pulvergemisch nur, wenn es als feiner Staub in der Luft verteilt, beispielsweise ausgeblasen, wird. Diese Anwendung war bereits im 5. Jahrhundert v. Chr. bei den Griechen bekannt. Es stellt sich demnach die Frage, warum der Verfasser der Hs. b überhaupt von einem Gemisch aus Schwefel und Kohle spricht. Eine Erklärung hierfür könnte sein, dass er bereits Schwarzpulver kannte oder davon gehört hatte. Schwarzpulver besteht bekanntlich aus den drei Bestandteilen Schwefel, (Holz-)Kohle und Salpeter. Die genaue Zusammensetzung wurde von den Pulvermachern lange geheim gehalten, so dass durchaus die Möglichkeit besteht, dass der Bearbeiter der Hs. b nur bruchstückhafte Kenntnisse hatte und nur von zwei Bestandteilen wusste.

Es kann aber für die Einschränkung auf Schwefel und Kohle auch noch eine ganz einfache Erklärung geben: Vielleicht hatte der Bearbeiter der Hs. b aus Gründen der Zeilenlänge das Wort „Salpeter" schlichtweg weggelassen.

Schwarzpulver und damit betriebene Waffen waren in Europa seit dem 14. Jahrhundert bekannt, und verschiedenen Berichten zu Folge soll es in Augsburg, dem wahrscheinlichen Entstehungsort der Hs. b, bereits im 14. Jahrhundert eine sog. „Pulvermühle" gegeben haben. Außerdem existierten zu dieser Zeit bereits lateinische Versionen des 'Feuerbuch des Marcus Graecus' (vermutlich 13. Jahrhundert) und das 'Feuerwerksbuch von 1420', allerdings nur als Handschriften (das Feuerwerksbuch wurde erstmals 1529 gedruckt). In beiden ist bereits die Herstellung bzw. Zusammensetzung von Schwarzpulver beschrieben. Weiterhin existierte seit 1405 das von Konrad Kyeser aus dem Altmühltal verfasste Werk 'Bellifortis', in dem das damalige Wissen der technischen Kriegsführung zusammengefasst ist und welches auch Pulverrezepturen enthält (im Internet sind mehrere Faksimileausgaben von 'Bellifortis' zugänglich). Es gibt gute Gründe für die Annahme, dass der Bearbeiter der Hs.b das offensichtlich weit verbreitete 'Bellifortis' gekannt hatte: Darin finden sich nämlich Beispiele zu Spreng-, Brand- und Schießvorrichtungen mit jeweils drei (3!) Behältern oder Rohren. Zur Erinnerung: Die Strophe b1693 spricht ebenfalls von drei Rohren („drein roren"), was kaum ein Zufall sein kann. Und es gibt noch ein weiteres, mögliches Indiz: Romocki (1983) zitiert aus 'Bellifortis' wie folgt:

> [...] wird die Beschreibung einer primitiven, aber recht sinnreichen Höllenmaschine gegeben: hohle Knochen sollen in je einem Teil eine Schießpulverladung, im anderen tempierte brennende Zündschnüre aufnehmen und so unverdächtig aussehende, aber nach bestimmter Zeit explodierende Sprengkörper bilden; diese sollen auf den Boden gelegt werden: wohl vorzüglich auf den Boden eines Speiseraumes [...].

Dies könnte als Anregung für den im Einschub der Nibelungenlied-Handschriften b und n erwähnten Hinterhalt in der Herberge gedient haben.

In der Hs. n, niedergeschrieben ebenfalls um 1450 oder später, ist nicht von Schwefel und Kohle in drei Rohren die Rede, sondern von hohlen Säulen, gefüllt mit Schwefel und Pech. Pech und Schwefel sind die bekannteste Mischung des sog. „Griechischen Feuers", das seit Jahrhunderten verwendet wurde. Die brennende Mischung, aus Rohren auf feindliche Schiffe geschossen oder in Tonkrügen geschleudert, hatte eine verheerende Wirkung, weil sie kaum zu löschen war und auf allen Gegenständen (z.b. Segeln) haften bzw. kleben blieb.

Pech war im Mittelalter weit verbreitet. Zu Verteidigungszwecken wurde z.b. siedendes Pech auf Belagerer von Burgen oder Städten gegossen, wovon heute noch sog. „Pechnasen" an historischen Gemäuern zeugen. Für einen Brandanschlag bietet sich deshalb aus damaliger Sicht die Mischung aus Pech und Schwefel an. Es gibt alte Beschreibungen über die Wirkung von Rohren, die mit Brandsätzen gefüllt waren. (vgl. Romocki 1983) In 'Bellifortis' wird überdies sehr bildhaft dargestellt, wie man einen hohlen Baum sprengen kann. Die Idee mit hohlen Säulen in Hs. n könnte darin seinen Ursprung haben.

Eine detaillierte Untersuchung zu diesem Thema findet sich im Beitrag „Anmerkungen zu den Einschüben in Handschrift b und n des Nibelungenlieds" bei (Schöffl: 2018).

Quellenverzeichnis

Relevante Nibelungenlied-Handschriften (Transkriptionen und Übersetzungen)

Handschrift B

- Bartsch, Karl (1866): Das Nibelungenlied. Boor, Helmut de (Hg.) (1996), 22. Auflage, Nachdr. Heinrich Albert Verlag, Wiesbaden.
- Heinzle, Joachim (2013): Das Nibelungenlied und die Klage, Nach der Handschrift 857 der Stiftsbibliothek St. Gallen, Mittelhochdeutscher Text, Übersetzung und Kommentar, Deutscher Klassiker Verlag, Berlin.

Handschrift C

- Schulze, Ursula (2005): Das Nibelungenlied nach der Handschrift C der Badischen Landesbibliothek Karlsruhe, Mittelhochdeutsch und Neuhochdeutsch, Artemis & Winkler Verlag, Düsseldorf und Zürich.

Handschrift D

- Kofler, Walter (2012): Nibelungenlied Redaktion D, S. Hirzel Verlag, Stuttgart. [Paralleldruck der Hss. D und b, d. Verf.]

Handschrift I

- Kofler, Walter (2011), Nibelungenlied und Klage, Redaktion I, S. Hirzel Verlag, Stuttgart.

Handschrift b

- Blunck, Hans Friedrich (1934): Das Nibelungenlied. Mit Bildern aus der Hundeshagenschen Handschrift, Bibliographisches Institut, Leipzig.
- Degering, Hermann (1924): Der Nibelungen Not, In der Simrockschen Übersetzung nach dem Versbestand der Hundeshagenschen Handschrift, Wegweiser Verlag, Berlin.
- Hornung, Hans (1968): Das Nibelungenlied in spätmittelalterlichen Illustrationen - Die 37 Bildseiten des Hundeshagenschen Kodex (Faksimile-Ausgabe), Verlagsanstalt Athesia, Bozen.
- Ritter, Ulrike (2008): Der Nibelungen Not. Die Klage (Mhdt./Nhdt.) Transkription und Übersetzung des mittelhochdeutschen Kodex Hundeshagen (Ms. germ. fol. 855) in drei Bänden, Dr. Ulrike Ritter electroniclandscape, Mering.
- Eser, Michaela (2015): Augsburger Nibelungenlied und –klage, Edition und Untersuchung der Nibelungenhandschrift b, Verlag Friedrich Pustet, Regensburg.

Handschrift k

- Keller, Adelbert von (1879): Das Nibelungenlied nach der Piaristenhandschrift, Litterarischer Verein in Stuttgart, Tübingen.

- Springeth, Margarete (2007): Die Nibelungenlied-Bearbeitung der Wiener Piaristen-handschrift (Lienhart Scheubels Heldenbuch: Hs. k), Transkription und Untersuchungen, Kümmerle Verlag, Göppingen.

- Sagmeister, Julian (2012): Neutranskription und Normalisierung der Handschrift k, Online im Internet unter http://othes.univie.ac.at/20099 (29.01.2018).

Handschrift n

- Göhler, Peter (1999): Eine spätmittelalterliche Fassung des Nibelungenliedes: Die Handschrift 4257 der Hessischen Landes- und Hochschulbibliothek Darmstadt, Fassbaender, Wien.

- Vorderstemann, Jürgen (2000): Das Nibelungenlied nach der Handschrift n, Hs. 4257 der Hessischen Landes- und Hochschulbibliothek Darmstadt, Max Niemeyer Verlag, Tübingen.

Transkriptionen

Das Institut für Germanistik der Universität Wien hat u.a. Transkriptionen der oben gelisteten Handschriften online zur Verfügung gestellt unter www.univie.ac.at/nibelungenwerkstatt.

Forschungsliteratur

- Bartsch, Karl (1870): Der Nibelunge Nôt, Band I, Text, Leipzig. Reprografischer Nachdruck von 1966, Georg Olms Verlagsbuchhandlung, Hildesheim.

- Bartsch, Karl (1875): Diu Klage, Mit den Lesarten sämtlicher Handschriften, Leipzig. Reprografischer Nachdruck von 1964, Wissenschaftliche Buchgesellschaft, Darmstadt.

- Bednar, Martina (2013): Julius Feifalik, Diplomarbeit, Universität Wien.

- Botschan, Marcus (2014): Der bewegliche Text. Zur Textvarianz der Nibelungenlied-Handschriften k und n, Inaugural Dissertation, Ludwig-Maximilians-Universität, München.

- Braune, Wilhelm (1900): Die Handschriftenverhältnisse des Nibelungenlieds, Niemeyer Verlag, Halle a. S.

- Brévart, Francis B. (1999): Das Eckenlied: Sämtliche Fassungen, Band 2: Dresdener Heldenbuch und Ansbacher Fragment E7 und E3, Verlag Niemeyer, Tübingen.

- Brinkmann, Hennig (1928): Zu Wesen und zu Form mittelalterlicher Dichtung, Max Niemeyer Verlag, Halle/Saale.

- Classen, Albrecht (1997): Diu Klage, mittelhochdeutsch – neuhochdeutsch, Kümmerle Verlag, Göppingen.

- Crignis, Gertraud de (1950): Ein bürgerliches Nibelungenlied. Ein Vergleich der Handschriften B und k, Inaugural Dissertation, Ludwig-Maximilian-Universität, München.

- Ertzdorff, Xenja von (1972): Linhart Scheubels Heldenbuch. In: Festschrift für Siegfried Gutenbrunner, Winter, Heidelberg.

- Fechter, Werner (1935): Das Publikum der mittelhochdeutschen Dichtung, Verlag Moritz Diesterweg, Frankfurt am Main. Hier: Reprografischer Nachdruck 1966.

- Goedeke, Karl (1859): Grundrisz zur Geschichte der deutschen Dichtung, Erster Band, Verlag von L. Ehlermann, Hanover.

- Göhler, Peter (1995): Bemerkungen zur Überlieferung des Nibelungenliedes. In: Zatloukal, Klaus (Hg.): 3. Pöchlarner Heldenliedgespräch - Die Rezeption des Nibelungenliedes, Fassbender, Wien.

- Hagen, Friedrich Heinrich von der (1855): Nibelungen. Wallersteiner Handschrift, Verlag I.A. Stargardt, Berlin.

- Haymes, Edward (1999): Das Nibelungenlied. Geschichte und Interpretation, Wilhelm Fink Verlag, München.

- Haymes, Edward (2000): Die Nibelungen im Spätmittelalter. Die Handschrift n und ihre Umgebung. In: Klein, Dorothea (Hg.): Vom Mittelalter zur Neuzeit. Festschrift für Horst Brunner, Seite 449 - 462, Reichert Verlag, Wiesbaden.

- Heinzle, Joachim / Klein, Klaus / Obhof, Ute (Hg.) (2003): Die Nibelungen. Sage - Epos - Mythen, Reichert Verlag, Wiesbaden.

- Heinzle, Joachim (2005): Wiedererzählen in der Heldendichtung. Zur Fassung n des Nibelungenliedes. In: Bumke, Joachim und Peters, Ursula (Hg.): Zeitschrift für deutsche Philologie, Sonderheft zu Band 124 (2005), Seite 139 – 158, Erich Schmidt Verlag, Berlin.

- Henning, Ursula (2000): Die Nibelungenhandschrift n zwischen Nôt- und Liet-Fassung. In: Demske, Ulrike et al. (Hg.): Beiträge zur Geschichte der deutschen Sprache und Literatur, Band 122, Heft 3 (Januar 2000), Seite 427 - 431, de Gruyter, Berlin.

– Hoffmann, Werner (1979): Die spätmittelalterliche Bearbeitung des Nibelungenliedes in Lienhart Scheubels Heldenbuch. In: Germanisch-Romanische Monatsschrift 1979, Heft 1, Carl Winter Universitätsverlag, Heidelberg.

– Hoffmann, Werner (1987): Das Nibelungenlied, Verlag Moritz Diesterweg, Frankfurt/Main.

– Holtzmann, Adolf (1859): Nibelungen. Handschrift k. In: Germania, Vierteljahresschrift für Deutsche Alterthumskunde, Vierter Jahrgang, Verlag Von Tendler & Comp., Wien.

– Hundeshagen, Bernhard (1816): Neu aufgefundener Codex des Nibelungen-Liedes, mit Mahlereyen aus dem dreyzehnten Jahrhundert. In: Morgenblatt für gebildete Stände, Nr. 31, 05.02.1816, Cotta'sche Verlagsbuchhandlung, Stuttgart und Tübingen.

– Klein, Klaus (2003): Beschreibendes Verzeichnis der Handschriften des Nibelungenliedes. In: Heinzle, Joachim / Klein, Klaus / Obhof, Ute (Hg.) (2003): Die Nibelungen. Sage - Epos - Mythen, Reichert Verlag, Wiesbaden.

– Kofler, Walter (2011): siehe unter „Nibelungenlied und Klage, Redaktion I".

– Kofler, Walter (2014): Nibelungenlied n, In: Demske, Ulrike et al. (Hg.): Beiträge zur Geschichte der deutschen Sprache und Literatur, Band 136, Heft 1 (März 2014), Seite 76 – 120, de Gruyter, Berlin.

– Koppitz, Hans-Joachim (1980): Studien zur Tradierung der weltlichen mittelhochdeutschen Epik im 15. und beginnenden 16. Jahrhundert, Wilhelm Fink Verlag, München.

– Kuhn, Hugo (1980): Entwürfe zu einer Literatursystematik des Spätmittelalters, Max Niemeyer Verlag, Tübingen.

– Lienert, Elisabeth (2015): Mittelhochdeutsche Heldenepik, Erich Schmidt Verlag, Berlin.

– Lunzer, Justus (1895): Die Nibelungenbearbeitung k. In: Sievers, Eduard (Hg.): Beiträge zur Geschichte der Deutschen Sprache und Literatur, XX. Band, Max Niemeyer, Halle/Saale.

– Paul, Otto und Glier, Ingeborg (1974): Deutsche Metrik, 9. Auflage, Max Hueber Verlag, Ismaning.

– Preisendanz, Wolfgang (1970): Über den Witz. Reihe Konstanzer Universitätsreden Band 13 (Hg. Gerhard Hess), Universitätsverlag, Konstanz.

– Romocki, S. J. von (1895): Geschichte der Explosivstoffe, Berlin. Reprographischer Nachdruck (2. Aufl.), Gerstenberg Verlag, Hildesheim 1983.

- Schöffl, Rainer (2014): Nibelungenland. Ein Streifzug durch das Nibelungenlied und sein Umfeld, Literaturverlag Josefine Rosalski, Berlin.

- Schöffl, Rainer (2017, veröffentlicht 2018): Anmerkungen zu den Einschüben in Handschrift b und n des Nibelungenlieds. Online im Internet unter http://www.nibelungenrezeption.de/wissenschaft/texte.

- Schröder, Franz Rolf (1961): Kriemhilds Ende, in: Germanisch-Romanische Monatsschrift Band XI, Carl Winter Universitätsverlag, Heidelberg.

- Schulze, Ursula (2003): Das Nibelungenlied, Philipp Reclam jun., Stuttgart.

- Seeber, Stefan (2010): Poetik des Lachens - Untersuchungen zum mittelhochdeutschen Roman um 1200, Walter de Gruyter, Berlin/New York.

- Simrock, Karl (1835): Wieland der Schmied, Eduard Weber, Bonn.

- Simrock, Karl (1868): Der Nibelunge liet. Vollständig mit Benutzung aller Handschriften -- Das Nibelungenlied. Übersetzt. Neunzehnte, verbesserte Auflage [zwei Buchtitel, da in Mhdt. und in Nhdt., d. Verf.], J. G. Cotta'sche Buchhandlung, Stuttgart.

- Singer, Samuel (1916): Literaturgeschichte der deutschen Schweiz im Mittelalter, Vortrag gehalten am 07. Dezember 1915, Verlag von A. Francke, Bern.

- Voetz, Lothar (2003): Die Nibelungenlied-Handschriften des 15. und 16. Jahrhunderts im Überblick. In: Heinzle, Joachim / Klein, Klaus / Obhof, Ute (Hg.), Die Nibelungen. Sage - Epos - Mythen, Reichert Verlag, Wiesbaden.

- Vorderstemann, Jürgen (1976): Eine unbekannte Handschrift des Nibelungenliedes in der Hessischen Landes- und Hochschulbibliothek Darmstadt. In: Zeitschrift für deutsches Altertum und deutsche Literatur, CV. Band, Heft 1, 1. Quartal 1976, Franz Steiner Verlag, Wiesbaden.

- Wießner, Edmund (Hg.) (1931): Heinrich Wittenwilers Ring. Nach der Meininger Handschrift, Verlag Philipp Reclam jun., Leipzig.

- Wießner, Edmund (Hg.) (1936): Kommentar zu Heinrich Wittenwilers Ring, Verlag Philipp Reclam jun., Leipzig.

- Zarncke, Friedrich (1856): Das Nibelungenlied, Georg Wigand's Verlag, Leipzig.

- Zeune, August (1837): Nibelungen in Mainz, in: Germania, zweiter Band, S. 67 - 69, Verlag Karl Friedrich Plahn, Berlin.